AFFAIRE

DU

BANQUET DE NIMES.

PLAIDOYER

DE M. DE THORIGNY.

(Extrait de la GAZETTE DE FRANCE.)

ACQUITTEMENT.

PARIS,

IMPRIMERIE DE POUSSIELGUE,

RUE CROIX-DES-PETITS-CHAMPS, 29.

1851

AFFAIRE
DU BANQUET DE NIMES.

Audience du 20 mars 1851.

PRÉSIDENCE DE M. CHALAMON, président du tribunal civil
de Privas.

Dès 7 heures du matin, les tribunes réservées ont été envahies par les dames, l'élite de la société de Privas et de tout le département. De Marseille, d'Arles, de Montpellier, d'Avignon, de nombreux amis politiques de M. de Lourdoueix s'étaient rendus dans notre ville ; pendant trois jours tous les hôtels ont été encombrés. Jamais procès politique n'avait excité à un si haut degré la curiosité publique. M. de Lourdoueix a été l'objet de sympathiques manifestations dont il gardera longtemps le souvenir. Quant aux habitants de l'Ardèche, ils se rappelleront toujours avec bonheur cette audience du 20 mars.

Les prévenus sont : 1° MM. Jacques-Honoré de Lourdoueix ; 2° Charles Magne ; 3° Pierre Jullien ; 4° Alphonse Limagne.

Le siége du ministère public est occupé par M. Rivière de Larque, procureur de la République.

Au banc de la défense se trouvent Mᵉ de Thorigny, Mᵉ de Lagarde et Mᵉ Laulagnet. Ces deux derniers du barreau de

Privas pour M. de Lourdoueix, et Me Rédarès, du barreau de Nîmes pour les autres prévenus.

M. le greffier donne lecture des pièces exigées par la loi. Parmi ces pièces se trouve le réquisitoire de M. le procureur général près la cour d'appel de Nîmes, adressé à la cour de cassation, dans le but de soustraire le jugement de ce procès au jury du département du Gard. Après avoir exposé les faits et cité les termes de l'arrêt de mise en accusation, M. le procureur général s'exprimait ainsi :

« Il ne restait plus à l'exposant qu'à exécuter l'arrêt; mais les considérations les plus grandes l'ont déterminé à s'adresser à l'autorité supérieure de la cour de cassation pour obtenir le renvoi de cette affaire devant un jury autre que celui du Gard pour cause de suspicion légitime et de sûreté publique.

« Peu de mots suffiront pour justifier cette demande.

« Le jury du Gard, choisi parmi des populations profondément divisées par les passions politiques et religieuses, ne présente pas en matière politique les garanties d'indépendance et d'impartialité sans lesquelles il n'y a pas de bonne justice. On ne citerait pas dans les dernières années une seule condamnation prononcée par le jury dans une affaire politique; peu importe que l'opinion de la majorité du jury soit conforme ou opposée à celle des accusés, si l'affaire touche à la politique, leur acquittement est certain, prévu, inévitable, et devient une occasion de triomphe pour leur parti.

« Sous ce premier rapport, l'intérêt de la justice exige l'exclusion du jury du Gard dans les affaires qui, comme celle-ci, ont une assez grande importance, mais la sûreté publique n'est pas moins intéressée au renvoi demandé; les débats de cette affaire, la discussion par des avocats que l'exaltation de leurs opinions a fait les chefs de leur parti, ne manqueraient pas de passionner l'auditoire nombreux qu'ils attireraient aux audiences. La partie la plus nombreuse de cet auditoire, sympathique aux prévenus, s'exalterait par l'influence de la parole passionnée des avocats ; l'autre partie s'en irriterait, et des collisions qu'il ne serait pas facile de prévenir risqueraient de s'engager entre les exaltés des deux parties. Sans doute les violences seraient facilement réprimées, mais il suffirait que quelques citoyens en eussent été victimes pour que l'irritation mal assoupie que les discordes civiles ont jeté parmi les populations en fût ravivée, tandis que sous l'influence de l'ordre et du calme qui règnent depuis deux années elle tend chaque jour à s'affaiblir.

« Par ces considérations, et vu l'article 542 du code d'instruction criminelle, l'exposant a l'honneur de vous demander de renvoyer pour cause de *suspicion légitime* et de sûreté publique, devant un jury autre que celui du Gard, les prévenus ci-dessus nommés ainsi que les pièces de la procédure instruite contre eux, pour y être procédé à leur jugement.

« Et ferez justice. »

A la suite de ce réquisitoire, la cour de cassation a rendu l'arrêt suivant :

« La cour dit qu'il y a motif suffisant de renvoi *pour cause de sûreté publique*;

« En conséquence, renvoie les sieurs Magne, de Lourdoueix, Limagne et Jullien, prévenus du délit prévu par les articles 13 et 14 de la loi du 28 juillet 1848, par arrêt de la cour d'appel de Nîmes, chambre d'accusation, du 5 novembre dernier, devant la cour d'assises du département de l'Ardèche, pour y être procédé et statué sur la prévention résultant dudit arrêt. »

Après la lecture des pièces, les témoins sont entendus.

M. Rivière de Larque, procureur de la République, se lève; et, dans un remarquable réquisitoire, développe les moyens de l'accusation.

Il expose à MM. les jurés les motifs du renvoi fait devant les assises de l'Ardèche d'un procès qui devait être jugé dans le département du Gard. On a craint, a-t-il dit, qu'au sein d'une population vive et passionnée, les émotions de cette cause ne donnassent lieu à de graves désordres. Tel est le motif pour lequel la cour de cassation, sur le réquisitoire du procureur général près la cour d'appel de Nîmes, a ordonné le renvoi de l'affaire devant le jury de l'Ardèche.

Le ministère public, après avoir expliqué le concours si nombreux des personnes qui se pressent dans l'auditoire par la présence sur le siége des prévenus d'un publiciste illustre, M. de Lourdoueix, et par celle du conseil qui l'assiste et qui doit présenter sa défense, entre dans l'examen des faits et des circonstances qui, suivant lui, doivent aboutir à un verdict de culpabilité.

Il rappelle la formation à Nîmes d'un *Cercle du droit national;* la déclaration faite par ses fondateurs, et l'autorisation qui leur a été délivrée par l'autorité municipale, à la condition de rester non public et surtout non politique.

Si cette condition n'est pas formellement énoncée dans l'autorisation donnée, elle résulte évidemment des circonstances même, et surtout de ce que l'autorisation ne s'applique qu'à un *cercle d'agrément.* Ces mots ne peuvent faire supposer qu'on eût en vue un cercle ayant un but politique.

Après avoir obtenu cette autorisation pour le Cercle du

droit national, les membres de ce Cercle eurent l'idée de se réunir en banquet pour en fêter l'inauguration. Pour cette réunion spéciale ils s'adressèrent de nouveau à l'autorité, lui firent une déclaration et reçurent une autorisation pour le banquet projeté.

Ce banquet a eu lieu le 14 juillet.

Le ministère public soutient que des étrangers ont été admis à ce banquet, et que ce fait résulte des dépositions des témoins, des déclarations des prévenus eux-mêmes, et de tous les comptes-rendus de cette réunion.

Il s'efforce ensuite d'établir, en reproduisant certains de ces comptes-rendus, que des discours politiques ont été prononcés, et des toasts politiques portés par plusieurs membres de la réunion. Enfin il insiste pour que cette transformation d'une réunion non publique et non politique en une réunion publique et politique, qui constitue une violation de la loi du 28 juillet 1848, soit réprimée. Il demande la condamnation des quatre prévenus.

PLAIDOYER

DE

M. DE THORIGNY.

------◆------

Messieurs les Jurés.

Vous savez maintenant pourquoi des faits qui se sont produits sur un autre théâtre, et qui appartenaient par cela même à une autre juridiction, sont aujourd'hui déférés à votre jugement.

On vous l'a dit. La cour de cassation l'a ainsi ordonné, sur la demande de M. le procureur général près la cour d'appel de Nîmes, qui sollicitait cette mesure à la fois pour cause de suspicion légitime et de sûreté publique.

Le premier de ces motifs, qui renfermait en lui-même une atteinte à l'indépendance et à l'impartialité du jury du département du Gard, a été écarté par la cour de cassation; et c'est pour cause de sûreté publique seulement que les prévenus ont été renvoyés devant la cour d'assises de l'Ardèche.

On a semblé craindre l'agitation qui pouvait naître

de ces débats au milieu d'une population ardente, et l'on a voulu enlever jusqu'au moindre prétexte à l'esprit de désordre.

Nous ne nous en plaignons pas. Loin de là, nous en bénissons le ciel.

A Dieu ne plaise en effet que les passions ou l'ardeur des partis interviennent dans l'appréciation d'une cause si simple en elle-même !

Que tout s'apaise donc autour de nous, que les esprits se recueillent, que la raison de chacun soit son seul guide?

C'est le vœu des prévenus, car ils ont tout à espérer d'un examen consciencieux et réfléchi.

Là est leur victoire ; là se trouve écrit d'avance le succès de leur cause. (*Sensation.*)

Il est pour eux, Messieurs, permettez-moi de le dire, un autre motif de sécurité.

Après leurs concitoyens les plus proches, après ceux qui ont été témoins de leurs actes, de leurs pensées même et de leur vie tout entière, quel jury pouvait leur inspirer plus de confiance que celui devant lequel ils ont l'honneur de se défendre ?

Ne savent-ils pas tout ce qu'il y a de loyauté et de franchise dans les hommes de cette remarquable contrée ?

Ne savent-ils pas qu'en eux, et par une faveur toute providentielle, l'intelligence la plus élevée s'est toujours alliée à la droiture du cœur, à la noblesse et à l'indépendance du caractère ?

C'est ce que racontent à tous les vieilles traditions, comme les annales récentes de ce pays.

Où pourraient-ils donc rencontrer, pour leur défense, une terre plus hospitalière ?

Je m'en réjouis pour eux. Je m'en félicite aussi pour moi, pour moi, qui vous suis inconnu, et qui aurais, à ce titre, si peu de droits à votre attention bienveillante.

J'y compte pourtant, et je crois lire déjà dans vos regards qu'elle ne me manquera pas.

J'aborde immédiatement la tâche qui m'est confiée.

Ne jugez pas les prévenus, Messieurs, d'après le récit que le ministère public vient de vous faire, en interprétant à son point de vue les faits de l'accusation.

En prenant pour guide de vos consciences ce réquisitoire, d'ailleurs si remarquable par la modération du langage et par l'élévation des pensées, vous seriez exposés à tomber dans une grave erreur.

Gardez-vous surtout de croire que cette cause n'a pas en elle-même et pour les prévenus la plus sérieuse importance.

Je ne veux pas vous entretenir de la peine que la loi prononce. Je ne le dois pas, les convenances me le défendent.

Et pourtant, faut-il laisser sans réponse les paroles du ministère public, qui, en essayant de rabaisser cette cause aux proportions d'une affaire de police correctionnelle, semblerait avoir eu pour but de voiler à vos yeux les graves conséquences de la condamnation qu'il sollicite ?

Ne vous y trompez pas, Messieurs. Tout a une haute portée dans les procès politiques, parcequ'ils touchent à ce qu'il y a de plus cher au cœur de l'homme, à la liberté de penser et d'agir, que la Providence lui a départie, et dont les institutions humaines, même dans les restrictions nécessaires qu'elles lui imposent, ne doivent jamais oublier la grande et sainte origine.

Voulez-vous que je vous montre, par un seul mot, jusqu'où peut s'étendre l'accusation que je combats?

Je me tairai sur la perte de la liberté qui menace les prévenus, mais qu'il me soit permis d'indiquer une peine plus cruelle peut-être, et qui plane aussi sur leur tête. Je veux parler de l'interdiction des droits civiques qui pourrait également les atteindre.

L'interdiction des droits civiques! Sait-on bien ce que ces mots renferment?

L'interdiction des droits civiques, Messieurs, c'est la déchéance du citoyen, c'est la suspension de ses droits, c'est l'impuissance, la stérilité, le néant de l'homme dans la société politique. (*Mouvement.*)

Figurez-vous, pour un moment, un de vos concitoyens, portant dans ses mains le flambeau des vérités les plus pures, doué à la fois d'une intelligence d'élite, et de la parole qui persuade et subjugue, brûlant de patriotisme et du désir de servir son pays. Eh bien! talent, sentiments généreux, nobles aspirations, dévouement à la patrie, tout, pour lui, s'il est marqué de ce signe de réprobation, viendra tristement expirer devant la barrière qui s'appelle l'interdiction des droits civiques!

Et vous, qui m'écoutez, c'est en vain que vous voudriez investir cet homme de votre suffrage, de votre mandat, du droit de vous représenter dans les grandes assemblées du pays! C'est en vain que son nom, honoré et chéri par vous, sortirait triomphant de l'urne électorale ! Votre volonté, à son tour viendrait se briser contre le même écueil ! (*Vive sensation.*)

N'est-ce rien ou est-ce peu de chose qu'une accusation pouvant aboutir à un pareil dénouement ?

Ah ! comprenez-le bien ! Voilà pourquoi ce n'est pas trop que l'appréciation du jury dans des procès de cette nature. Voilà pourquoi c'est à la justice du pays, à vous, Messieurs, qui en êtes l'expression la plus directe et la plus vraie, qu'il appartient de statuer encore aujourd'hui sur le sort des prévenus.

Permettez-moi de vous retracer les faits qui les concernent, et tels que les présentent les documents les plus sérieux, et les témoignages même que vous venez d'entendre. (*Redoublement d'attention.*)

Que s'est-il passé ?

Un cercle s'est formé à Nîmes, sous le titre de : *Cercle du droit national.*

Ses fondateurs, poussés par la droiture de leurs intentions, ne se sont pas bornés à faire à l'autorité municipale la déclaration prescrite par l'art. 14 de la loi du 28 juillet 1848, sur le droit de réunion.

Aux termes de cette loi, ils pouvaient s'en tenir à cette déclaration. Cette formalité accomplie, l'existence du cercle pouvait devenir légale et assurée.

Mais il ne leur a pas suffi d'exister légalement.

Ils ont porté plus loin leur respect pour l'autorité, ils lui ont demandé son assentiment, son approbation. (*Mouvement.*)

Leurs statuts ont été mis sous ses yeux.

L'autorité municipale a approuvé les statuts et sanctionné la fondation du Cercle.

Voici les termes de l'autorisation donnée :

« Vu la demande...

« Vu les renseignements favorables...

« MM. Ch. Magne et autres sont autorisés à former
« dans le local indiqué une société d'agrément sous la
« dénomination de *Cercle du droit national.*

« Le Maire de Nîmes,

« F. VIDAL. »

Le Cercle du droit national ayant été ainsi autorisé,
ses membres ont conçu le projet de se réunir en un banquet et d'y célébrer l'inauguration du Cercle.

C'était là un autre ordre d'idées.

Un banquet ne pouvant pas être assimilé à une séance
du Cercle, il fallait, pour cette réunion, une autorisation spéciale. Les chefs du Cercle l'ont pensé ainsi. Je
me hâte d'ajouter que l'administration en a jugé de
même.

De là une démarche nouvelle auprès du maire.

Celui-ci s'est bien gardé de leur répondre : « Vous
avez déjà une autorisation. Allez, votre réunion en banquet nous importe peu ; ce n'est à nos yeux qu'une
séance de votre Cercle. »

Non, M. le maire a donné une autorisation nouvelle et
spéciale pour le banquet dans les termes suivants :

« Le maire de la ville de Nîmes autorise le banquet
« qui est projeté pour l'inauguration de la Société dite
« du droit national, en se conformant aux lois, et surtout
« sans manifestation extérieure.

« Nîmes, 8 juillet 1850.

« Signé : F. VIDAL, maire. »

Pendant que le président du Cercle s'occupait à régulariser ainsi cette réunion, M. de Lourdoueix, nommé président honoraire du cercle, et invité, en cette qualité, à assister au banquet projeté, arrivait à Nîmes.

Quelle est sa première pensée, en entrant dans cette ville?

Homme d'ordre autant que de liberté, il se rend, le 13 juillet, chez M. le maire. Il a besoin d'apprendre de sa bouche que tout a été régularisé et sanctionné par son approbation même.

M. le maire applaudit à la modération, à la sagesse qui distinguent chacune des paroles de M. de Lourdoueix.

Il l'informe que M. le préfet n'a pas encore ratifié l'autorisation donnée par lui, mais qu'il ne doute pas de son assentiment.

Une des personnes qui accompagnent M. de Lourdoueix, M. Clément, s'empresse de dire que s'il arrivait que l'autorité supérieure crût devoir interdire la réunion, chacun de ses membres se ferait un devoir de se soumettre à sa décision. (*Sensation prolongée.*)

Ces paroles, qui peignent si bien l'esprit de tous, doivent rester gravées dans vos esprits; elles suffisent déjà pour vous montrer si les hommes qu'on a appelés sur ce banc de la prévention méritaient les rigueurs d'une telle poursuite!

M. le maire donna, au surplus, dans cette occasion, un témoignage de confiance à M. de Lourdoueix, en l'invitant à user au besoin de son influence pour tempérer l'ardeur des esprits. (*Murmure approbateur.*)

Ce conseil s'explique surtout par l'animation qu'éveillait dans le cœur d'un parti politique nombreux le retour d'un anniversaire salué par lui, chaque année, avec enthousiasme.

Cet anniversaire est celui du 15 juillet, c'est à dire de la Saint-Henri.

L'autorité, par une condescendance louable, a cru devoir laisser une certaine latitude à ces manifestations, vives peut-être, mais toujours paisibles et inoffensives.

« C'est une fête passée dans les habitudes de Nîmes depuis vingt ans, » disait l'organe du ministère public, dans le procès de l'*Etoile du Roussillon*, car, ajoutait-il dans sa haute impartialité, « l'autorité n'empêche point le culte des souvenirs. » (*Mouvement.*)

Le banquet devant avoir lieu le 14, veille de cette fête habituelle, on comprend la sollicitude du magistrat municipal.

Les membres du Cercle du Droit national entrèrent dans ces vues, pleines de prudence, en se réunissant pour le banquet, non pas dans le lieu ordinaire des séances, mais dans une maison particulière, loin du centre, presque hors de la ville.

Les convives s'y rendirent deux à deux, afin d'éviter tout prétexte à un rassemblement.

M. de Lourdoueix lui-même crut devoir s'y faire conduire en voiture et par des chemins détournés pour ne pas ajouter aux causes d'animation populaire.

Aucun étranger n'y a été admis.

Qui parle ainsi, Messieurs? Qui nous révèle ces détails si importants?

C'est le chef de l'autorité municipale, c'est le maire de Nîmes.

Il continue ainsi : « De dix minutes en dix minutes,

on venait me faire un rapport de la situation, et chaque rapport m'annonçait que tout se passait bien. On rentra ensuite tranquillement en ville, et voilà tout. » (*Mouvement.*)

Arrêtons-nous là.

Nous n'avons pas à nous préoccuper de ce qui a suivi.

Que le lendemain, 15 juillet, il y ait eu plus ou moins d'émotion dans la cité ou en dehors de ses murs, c'est un point étranger à ce procès.

N'oublions pas ce qu'on reproche aux prévenus.

On les accuse d'avoir, soit comme simples secrétaires, soit comme président, vice-président et membres du bureau du Cercle dit du Droit national à Nîmes, transformé en une société *publique* et *politique*, une réunion déclarée et *autorisée seulement* comme devant être *non publique* et *non politique*, par leur participation à un banquet qui a eu lieu audit Nîmes, le 14 juillet 1850, *dans un but politique*, et dans lequel il a été prononcé des discours et porté des toasts politiques.

Telle est la formule de l'accusation portée contre eux.

Ne sortons pas de ces termes.

Ainsi, les prévenus, comme chefs et comme membres du bureau du Cercle, auraient fait une fausse déclaration en ce que, d'une réunion déclarée par eux non publique et non politique, ils auraient fait, en définitive, une réunion publique et ayant un but politique.

C'est là, dit l'organe du ministère public, le délit prévu par l'art. 14 de la loi du 28 juillet 1848, et on en demande contre eux l'application.

Avant de m'occuper des personnes et de la situation particulière des prévenus, avant de discuter et d'apprécier les actes qu'on leur reproche, qu'il me soit permis de jeter un coup d'œil rapide sur la loi même qu'on invoque, et d'en rechercher le sens et la portée véritables. (*Mouvement d'attention.*)

Nous sommes heureusement bien loin déjà des circonstances où cette loi a été rendue.

Sa date seule vous reporte, Messieurs, au milieu des tristes impressions qu'avaient fait naître les luttes sanglantes et horribles de la capitale.

Les clubs, les sociétés secrètes, toutes les réunions, sans contrôle, qui avaient surgi de toutes parts, avaient amené ces excès à jamais déplorables par leurs provocations violentes et anarchiques.

Il fallait prendre de sages et énergiques précautions, non pas contre le droit de réunion en lui-même, qui est proclamé et sauvegardé dans la loi, mais contre les malheurs publics que pouvait ramener sur notre pays l'abus de ce droit, exploité par d'indignes et criminelles passions.

Telle est l'origine de cette loi.

Si elle fut nécessaire, si on pense qu'elle l'est encore, si elle doit être maintenue et exécutée, même après les orages au sein desquels elle a pris naissance, ce ne serait pas un motif pour en exagérer la sévérité et dépasser même son but, dans des temps calmes, et lorsque la raison publique a repris tout son empire. (*Signes d'approbation dans l'auditoire.*)

Recherchons si la poursuite actuelle peut encourir ce reproche.

L'art. 14 de la loi du 28 juillet 1848 est ainsi conçu :

« Les citoyens peuvent fonder, dans un but non politique, des cercles ou réunions non publiques, en faisant préalablement connaître à l'autorité municipale l'objet de la réunion et les noms des fondateurs, administrateurs et directeurs.

« A défaut de déclaration ou en cas de fausse déclaration, la réunion sera fermée immédiatement, et ses membres pourront être poursuivis comme ayant fait partie d'une société secrète.

« Les dispositions qui précèdent ne sont point applicables aux associations industrielles ou de bienfaisance. »

Si je ne me trompe, la loi, dans cet article, a en vue tout autre chose qu'une réunion isolée, fugitive, que le moment fait naître et que le moment efface.

Reprenons-en les termes :

« Les citoyens peuvent *fonder*. »

On ne fonde que ce qui, par sa nature, peut avoir une certaine durée.

« Des cercles, des réunions... »

Ces mots impliquent aussi une idée de succession ou de permanence.

Les expressions qui suivent sont plus explicites encore.

On veut, indépendamment de la désignation du local et de l'objet de la réunion, les noms des fondateurs, administrateurs et directeurs.

Est-il un seul de ces mots qui puisse s'appliquer à une convocation spéciale et unique, à un banquet, par exemple, projeté pour une circonstance déterminée et toute passagère ?

La raison, ce me semble, repousse cette interprétation

rigoureuse ; mais la discussion même de cette loi va dissiper tous les doutes.

Un membre de l'Assemblée, c'est le *Moniteur* qui nous l'apprend, a demandé, lors de la discussion de la loi, si les réunions isolées, si les banquets, même politiques, étaient soumis aux prescriptions de la loi nouvelle. M. le ministre de l'intérieur lui a répondu : Le mot *fonder* dont se sert le projet de loi indique suffisamment quelque chose de *permanent* et de successif. Il ne peut donc s'appliquer à une réunion isolée, à un banquet. Ces sortes de réunions restent soumises aux seules lois de police.

Ainsi la loi elle-même, dans son texte et dans son esprit, condamne la poursuite dirigée contre les prévenus. Cette poursuite pourrait-elle encore se soutenir ?

Mais supposons, je le veux bien, supposons qu'en faisant violence au texte de la loi, on puisse l'étendre jusqu'à la réunion isolée, jusqu'au banquet, comment du moins pourra-t-on échapper à l'infraction même de cette loi et aux peines sévères qu'elle inflige ? (*Attention.*)

Elle-même prend soin de le dire.

Elle n'exige rien autre qu'une déclaration à l'autorité sur le local, l'objet de la réunion et le nom des fondateurs, administrateurs et directeurs.

Puis l'art. 14 ajoute : A défaut de déclaration, ou en cas de fausse déclaration, la réunion sera fermée immédiatement, et ses membres pourront être poursuivis comme ayant fait partie d'une société secrète.

Pourront être poursuivis, et non pas *seront* poursuivis. Retenons cette disposition avant de passer outre.

Ainsi le fait seul d'un défaut de déclaration, ou d'une

fausse déclaration, ne constitue pas même essentielle-
ment un délit.

Ce ne sont pas de ces infractions à la loi contre lesquelles il existe une disposition impérieuse, qui ne per-
met pas au magistrat d'hésiter à en provoquer la ré-
pression.

C'est une faculté qui lui est laissée. La loi s'en rap-
porte aux lumières de sa conscience et à l'équité de son
appréciation.

Il aura à peser, dans sa prudence éclairée, les circonstances dans lesquelles la réunion se sera formée, la
bonne foi de ceux qui y auront concouru, la part qu'il
faut toujours faire au temps, au lieu, aux hommes, à
l'entraînement même et à l'exaltation des esprits.

Telle est la mission donnée au magistrat.

Telle est la loi invoquée contre les prévenus.

Etait-ce le cas de recourir envers eux à cette mesure
extrême ?

N'y avait-il rien dans les habitudes locales, dans la
longue et sage tolérance de l'administration, dans le caractère ardent, mais pacifique et loyal des populations,
qui dût arrêter l'ordre d'une pareille poursuite ?

N'y avait-il rien surtout, et n'y a-t-il rien encore,
pour détourner de semblables coups, dans la situation
générale des esprits en France ?

Ah ! je n'hésite pas à le dire, un peu plus de réflexion
eût empêché ce procès. (*Mouvement général d'approbation.*)

En effet, comment le comprendre, comment l'expli-
quer, en présence des faits qui sont désormais consta-
tés ?

J'ai dit comment avait été réglé tout ce qui était propre au *Cercle du droit national*, j'ai dit aussi comment on avait voulu, je ne puis pas dire fonder, mais organiser un banquet.

Le banquet une fois résolu, vous le savez, on en a déclaré le projet, on en a fait connaître le local, le but, qui consistait à célébrer, à fêter l'inauguration du *Cercle du droit national*.

On ne s'est pas borné non plus à cette déclaration, on a fait, pour le banquet comme pour le Cercle, plus que la loi exigeait, on a demandé une autorisation, et on l'a obtenue.

Vous ne l'avez pas oublié.

Ainsi voilà le banquet constitué, avec une autorisation spéciale, en dehors de l'autorisation propre au Cercle lui-même.

Le voilà formant une réunion indépendante, isolée, ayant son existence à part, son local particulier, bien loin du local habituel.

Eh bien ! en quoi ce banquet, tel qu'il a eu lieu, a-t-il attiré sur lui les réprobations de la loi ?

Reprochera-t-on à ceux qui l'ont projeté de n'avoir pas fait de déclaration ?

La déclaration est constante ; elle a embrassé tout ce que la loi exige.

Cela est vrai, dit-on.

La déclaration a été faite ; mais cette déclaration a été fausse.

Fausse ! A-t-on médité le sens de ce mot ? (*Attention marquée.*)

Nous sommes sur le terrain des matières criminelles.

Chaque mot doit y prendre une signification précise et rigoureusement limitée.

Une déclaration fausse, savez-vous, Messieurs, ce que cela doit être dans le langage criminel, et j'ajoute dans l'acception même la plus vulgaire?

Ce ne peut être, bien entendu, une déclaration simplement incomplète, inexacte, mal définie et mal comprise. Il n'y aurait là qu'une méprise, un oubli, une interprétation erronée pouvant donner lieu à un avertissement, à une rectification, peut-être même à une mesure administrative ; mais on voudrait vainement y chercher la trace d'une fausse déclaration.

Une fausse déclaration, c'est celle qui est faite avec une intention formelle de mentir à l'autorité, de la tromper, de se jouer de sa crédulité.

Une fausse déclaration, c'est celle que feraient des hommes sans loyauté, sans bonne foi, voulant couvrir d'un voile indigne des pensées d'agitation et de désordre.

Cela est si vrai, qu'on les assimile alors aux membres des sociétés secrètes, c'est à dire à ce qu'il y a de plus funeste et de plus redoutable pour la sécurité du pays.

Ne suffit-il pas d'indiquer la signification véritable et légale de ces mots pour comprendre qu'ils sont inapplicables aux hommes que je défends?

Leur vie tout entière, si digne et si honorable, ne proteste-t-elle pas avec énergie contre cette imputation injurieuse.

Eux, tromper, trahir la vérité, cacher de perfides intentions sous le manteau de l'imposture!

Le croira-t-on, quand chaque jour, à toute heure, leurs actes, leurs discours, leurs écrits, attestent à la fois la franchise de leur caractère, la droiture de leur cœur, et l'inflexible indépendance de leurs convictions !

Non, non! l'accusation, ma conscience me le dit, viendra se briser inévitablement contre cette première impossibilité. (*Murmure général d'assentiment.*)

Mais il est bien d'autres obstacles encore que l'accusation ne saurait franchir.

Les prévenus, c'est là leur délit, auraient, dit-on, transformé en une société publique et politique, une réunion qui ne devait être ni publique ni politique.

Ce n'est assurément pas dans les termes de l'autorisation donnée pour le banquet que le ministère public peut trouver la preuve du délit qu'il signale à votre justice.

Le banquet devait avoir lieu, suivant cette autorisation, en se conformant aux lois, et surtout sans manifestation extérieure.

Ce sont les seules conditions qu'on lui impose.

Or, que faut-il entendre par ces mots, *en se conformant aux lois?*

Dans la généralité de ces termes peut-on voir l'interdiction d'une réunion publique et politique?

Evidemment non, puisqu'en ouvrant la loi même qu'on voudrait nous appliquer, je découvre aussitôt qu'elle autorise les réunions publiques et politiques, sans autre formalité aussi qu'une déclaration préalable.

Ces mots, en eux-mêmes, ne renferment donc pas nécessairement la prohibition d'une réunion publique et politique.

La restriction, du moins, se trouve-t-elle dans les mots qui terminent l'autorisation donnée?

Le banquet devra avoir lieu, *surtout sans manifestation extérieure.*

Y a-t-il là quelque chose qui exclue la publicité, et surtout quelque chose qui interdise au banquet tout discours politique?

Qui oserait le prétendre?

Ce serait la conclusion contraire qu'il faudrait en tirer.

En disant à ces hommes, réunis en banquet, abstenez-vous *surtout de toute manifestation extérieure*, n'était-ce pas comme si on eût ajouté : Livrez-vous, comme vous l'entendrez, à la joie de votre banquet, aux épanchements intimes de cette fête de famille ; livrez-vous même, si vous le voulez, aux regrets du passé, aux aspirations de l'avenir, aux patriotiques espérances que la solennité du jour pourra réveiller dans vos cœurs honnêtes ! (*Mouvement.*) L'autorité, confiante dans votre honneur, et fidèle à sa tolérance, pleine de sagesse, ne vous en demandera aucun compte. Son action n'interviendra qu'autant qu'il y aura *une manifestation extérieure.*

Cette interprétation n'est-elle pas plus simple, plus naturelle, plus vraie que celle de l'accusation? (*Nouvel assentiment.*)

Placés sur ce terrain, protégés par les termes même de l'autorisation donnée, les prévenus seraient donc encore à l'abri de tout reproche, de toute poursuite, car ils se sont conformés aux lois, et ils ne se sont livrés à aucune manifestation extérieure.

Mais je veux aller plus loin et examiner avec vous, Messieurs, si, comme l'a soutenu le ministère public, le banquet du 14 juillet a été public et politique. (*Attention générale.*)

Et d'abord, a-t-il été public?

La publicité d'une réunion doit, ce me semble, résulter du lieu où la réunion se forme, et de l'accès plus ou moins facile qui en est ouvert à tous.

Si la réunion se forme dans un lieu public, la présomption la plus naturelle, on le comprend, sera que la réunion est publique elle-même.

S'il en est autrement, si c'est un domicile privé qui reçoit les membres de la réunion, il y aura aussitôt la présomption contraire.

Une seule circonstance pourra la détruire, c'est le cas où l'accès de ce domicile serait, pour ainsi dire, ouvert à tout le monde, ou dépendant de conditions telles qu'il fût possible à chacun d'y être admis.

Or, qu'on le sache bien, le banquet du 14 juillet a été tenu dans la maison particulière de M. Gibert, membre du conseil municipal, dans un lieu non public, loin du centre, attenant aux barrières, et l'on n'y était admis que sur une invitation spéciale et toute individuelle.

Une seule classe de personnes pouvait y pénétrer, celle des membres du Cercle du droit national.

Où sont donc ici les éléments de la publicité?

Mais on nous dit :

Il y a eu des membres d'autres Cercles du droit national, appartenant aux villes voisines, qui assistaient au banquet.

Je le veux bien ; en résulte-t-il la publicité?

Quoi! on engagera une, deux ou trois personnes des

cités voisines à s'asseoir à ce banquet, et ce banquet prendra par cela même un caractère public.

Cele ne peut se soutenir. (*Assentiment.*)

Si quelques personnes appartenant à des Cercles du droit national ont été invitées au banquet, elles l'ont été au même titre que M. de Lourdoueix; dont la présence à ce banquet a été d'avance annoncée et approuvée par l'autorité elle-même.

Elles ont été invitées comme membres honoraires du Cercle même de Nîmes. Elles l'ont été, enfin, dans la limite des statuts de ce Cercle. (*Assentiment.*)

C'est ici le moment de rappeler les articles 13 et 19 de ces Statuts. Le premier de ces articles est ainsi conçu : « Aucun étranger ne peut être admis, sous aucun prétexte, aux séances et délibérations du Cercle, à moins d'une autorisation spéciale du président. »

Voici le second : « Pourront être membres honoraires toutes personnes âgées de dix-huit ans révolus... Tous les présidents des *Cercles du droit national* sont de droit membres honoraires du Cercle du droit national de Nîmes... »

Ainsi, eût-on admis quelques étrangers au banquet, soit comme membres honoraires, soit avec une permission spéciale du président, il n'y aurait en cela aucune infraction à l'autorisation municipale, non plus qu'au réglement du Cercle du droit national.

Il est donc bien démontré pour tous que le banquet du 14 juillet n'a pas constitué une réunion publique.

Le témoignage de M. Vidal lui-même a rendu ce fait incontestable.

Si le banquet n'a pas été public, a-t-il constitué une

réunion politique, ou, pour mieux dire, ayant un but politique ?

Qui le sait ?

Comment répondre à cette question, puisqu'il n'y a eu, autour de la salle du banquet, aucun cri, aucun emblème, aucune manifestation, puisque tout s'est passé tranquillement et que rien n'a transpiré au dehors; puisque, de dix minutes en dix minutes, des agents de l'autorité, placés à la porte même de l'édifice où l'on était réuni, venaient informer M. le maire du calme parfait qui régnait aux alentours? (*Sensation.*)

Mais, dit-on, l'*Etoile du Gard* a fait un récit de ce qui s'est passé ; elle a cité des discours ; elle a parlé de toasts à M. de Genoude et à M. de Lourdoueix. (*Attention générale.*)

Ces toasts et ces discours ne sont-ils pas éminemment politiques ?

A mon tour, je dirai à l'accusation : A-t-on vérifié si les discours avaient été textuellement rapportés ?

A-t-on entendu, comme témoin, le rédacteur de l'*Etoile du Gard* ?

A-t-on entendu les auteurs mêmes des discours prononcés ?

Où sont les éléments de conviction à cet égard ?

Ils sont tous dans la loyauté des prévenus, dans la franchise de ces hommes que l'on juge capables d'une fausse déclaration pour organiser un banquet, et qui ne voudraient pas, au prix de réponses évasives ou d'une déclaration contraire à la vérité, défendre leur liberté si injustement menacée. (*Sensation générale et prolongée.*)

M. de Lourdoueix a reconnu lui-même, en l'expliquant, le fait énoncé par l'*Etoile du Gard*.

Oui, des discours ont été prononcés.

Oui, des toasts ont été portés à la mémoire de M. de Genoude, à M. de Lourdoueix, au Cercle du droit national, dont on fêtait l'inauguration.

Oui, ces toasts, ces discours se sont forcément empreints d'un certain caractère politique.

En devrait-il résulter nécessairement que le banquet n'était autre chose qu'une réunion politique, formée dans un but politique?

C'est ce que nous allons examiner. (*Attention.*)

Que faut-il entendre par une réunion politique? C'est évidemment celle dont le but est de discuter, d'agiter des questions politiques.

C'est celle qui se forme avec cet objet spécial en vue, avec cette pensée, nettement manifestée, et qui en fait son occupation principale et sérieuse.

Pourrait-on qualifier ainsi une réunion dont le but avéré serait tout autre, mais où, dans une circonstance donnée, on aurait accessoirement et par la force même des choses touché à certaines idées politiques?

S'il en était ainsi, toute réunion, tout cercle de famille, toute rencontre de deux amis risquerait de tomber sous le coup de la loi.

Où la politique ne se fraye-t-elle pas un passage aujourd'hui, sinon comme élément essentiel, au moins comme conséquence accidentelle de l'action des individus dans les affaires ou dans le gouvernement du pays?

Qui nommer, guerrier, magistrat, littérateur, poète

ou savant, sans que la politique n'effleure sa vie pour peu qu'elle soit entourée d'illustration ou de gloire?

Ne nous étonnons pas de ce résultat. Il ne faut pas surtout nous en plaindre. C'est la condition des Etats libres; c'est la preuve que tous s'associent plus ou moins au mouvement de la vie nationale. (*Sensation.*)

Mais quand il faut, au point de vue de la loi pénale, rechercher si une réunion s'est formée dans un but politique, il est nécessaire de se demander si ce but est clairement établi, si les paroles, les discours, au contraire, inspirés par la circonstance même de la réunion, ne sont pas entrés dans le domaine politique accessoirement et comme en passant, pour arriver à un autre but honorable, licite, certain, tel qu'un hommage rendu à un beau talent ou à un grand caractère.

C'est là le devoir de celui qui veut découvrir la vérité.

Eh bien! considérons encore un instant le banquet du 14 juillet, et nous verrons que c'est là précisément le spectacle qu'il a offert.

Ce banquet, je veux le redire, avait pour but, pour objet de fêter l'inauguration du *Cercle du droit national*. Il était autorisé dans cet objet, dans ce but.

Or, je le demande, quelle idée a dû dominer tous les esprits lorsqu'on s'est trouvé assis autour de la vaste table du festin?

Sans doute on a dû se féliciter d'avoir fondé un Cercle où des hommes de mêmes pensées, de mêmes convictions, pourraient se voir et vivre d'une commune vie.

Sans doute aussi on a dû rendre grâces à l'autorité de sa bienveillance qui en avait accueilli le projet et autorisé l'ouverture.

Mais était-ce tout ce qu'on avait à faire?

Le titre même que portait le Cercle n'éveillait-il pas d'autres souvenirs?

Ce droit national inscrit au frontispice du Cercle, et qui n'est autre chose que l'alliance indissoluble du pouvoir et de la liberté, qui l'a proclamé avec le plus de persévérance? Ce droit national, énergique résumé des grandes traditions du passé, et qui apparaît comme un terrain neutre ouvert à toutes les idées de progrès, à toutes les intelligences élevées, à tous les nobles sentiments; ce droit national enfin qui, bien compris, serait la conciliation des esprits et l'oubli de nos longues guerres intestines, qui n'a cessé de le montrer à tous comme la seule ancre de salut pour le pays?

Qui a usé sa vie à en rechercher les traces dans les annales glorieuses de la France, et jusqu'au berceau de notre histoire?

Oui, je le demande, quels sont ceux qui, au milieu des tristes abaissements où notre pays languit, ont accompli cette grande mission qui consiste à rendre à la souveraineté nationale sa véritable base, au principe du pouvoir sa sanction, à la liberté sa céleste origine, à tous leurs droits, leur dignité, leur part légitime d'influence dans le pays?

Ces noms, je les entends sortir de toutes les bouches. Ce sont ceux de M. de Genoude et de M. de Lourdoueix. (*Assentiment général et prolongé.*)

Imagine-t-on que l'inauguration d'un Cercle du droit

national puisse se célébrer dans un banquet sans que ces noms se mêlent aux tressaillements de la joie commune ?

L'imaginerait-on surtout à Nîmes, où MM. de Genoude et de Lourdoueix ont été tour à tour candidats à la représentation nationale ?

L'autorité municipale, en approuvant un banquet dans une telle circonstance, n'a pu vouloir proscrire ce souvenir et imposer silence aux élans du cœur. (*Profonde sensation.*)

Non ! cela n'a pu être dans sa pensée.

Eh bien ! Messieurs, disons-le donc :

C'est d'abord à la mémoire de M. de Genoude ; c'est ensuite à son digne continuateur, présent au banquet, que des toasts ont été portés.

Au nom de M. de Genoude, martyr de ses convictions ; au nom de M. de Genoude, mort en exprimant un dernier vœu pour la France, pour ses libertés, pour sa gloire, comment étouffer le souvenir de ses luttes, de ses principes, de son infatigable énergie à les soutenir ?

Est-il interdit de louer les morts, et la bouche des vivants devra-t-elle demeurer scellée sur leur tombe ?

Qui donc nous imposerait cette loi impie ? Et comment louer ceux qui ne sont plus, sans rappeler les circonstances au milieu desquelles ils ont vécu, leurs actes, leurs écrits, leurs titres à l'estime publique et à la reconnaissance du pays ? (*Mouvement général d'approbation.*)

C'est là, Messieurs, l'esprit, la pensée dominante

des discours prononcés. Vous n'y trouverez pas autre chose.

Prenons celui de **M.** Clément, tel qu'il est reproduit par l'*Etoile du Gard*.

Qu'y voyons-nous?

M. Clément jette d'abord un regard sur l'origine et les tristes effets de nos longues révolutions, sur le désordre moral qu'elles ont répandu dans les esprits; puis, après avoir ainsi ouvert le théâtre de nos fatales agitations, il arrive, par une déduction habile et heureuse, à montrer M. de Genoude comme un de ces hommes marqués du sceau divin, comme un prophète envoyé de Dieu pour éclairer l'abîme et en préserver le pays.

Il relève, comme étant son plus digne éloge, quelques-unes de ses maximes politiques, en même temps qu'il rappelle certaines vérités éternelles sur la dignité humaine, que M. de Genoude aimait à répéter, et dans lesquelles il cherchait lui-même la cause de la grandeur des nations.

Et après avoir raconté la mission de M. de Genoude, et les larmes répandues sur sa tombe, il salue, avec une effusion non moins remarquable, celui qu'il regarde comme son héritier, comme celui qui, après avoir été son collaborateur pendant vingt ans, est destiné à continuer ce qu'il appelle l'œuvre de Dieu.

Et alors il porte un toast à M. de Lourdoueix, et signale en quelques mots, noblement exprimés, ses titres à l'estime de tous.

Pouvait-il en être autrement?

Le but de l'orateur, on le voit, est moins de se livrer à des discussions politiques que d'honorer un grand publiciste qui n'est plus, et un grand publiciste, ce jour-là l'hôte du Cercle du droit national.

La politique n'est ici que l'accessoire d'un éloge mérité. (*Assentiment.*) C'est le cortége inévitable des souvenirs qui se rattachent à ces deux noms, profondément gravés dans le cœur d'une partie de la population du Gard.

Aussi, écoutez la réponse de M. de Lourdoueix.

On l'avait loué comme homme et comme écrivain ; à ce double titre, il s'empresse de remercier les membres du Cercle de leur bienveillant accueil, et, par un sentiment dont la délicatesse n'échappera à personne, il veut montrer aussitôt que les éloges doivent appartenir moins à lui qu'à la noble cause qu'il défend.

Et alors il explique rapidement sur quelle base reposent, à ses yeux, les grands intérêts nationaux au triomphe desquels il consacre ses efforts et sa vie.

Puis, tout à coup, faisant jaillir du sentiment religieux la fraternité chrétienne, il la montre comme l'élément indispensable du bonheur et de la durée des sociétés humaines.

C'est dans cette haute sphère des vérités morales qu'il emporte avec lui les intelligences bien loin du domaine politique et des pensées de parti !

Qu'on n'oublie pas que c'est en présence d'une population ouvrière qu'il tient cet admirable langage.

Quoi de plus moral et de plus beau ! Quoi de plus utile en même temps et de plus propre même à dompter les passions !

L'un de nos plus illustres économistes, laissez-moi vous le dire, après avoir médité sur les graves questions qui préoccupent et troublent parfois nos plus importantes industries, et notamment l'industrie lyonnaise, disait naguère à l'Institut, en lui rendant compte de ses recherches, que ces questions étaient insolubles par la science économique.

Ce cri de désespoir et d'impuissance est-il le dernier mot qu'il faille jeter aux populations? (*Mouvement.*)

Non, car il n'est rien que ne puisse facilement résoudre le sentiment religieux qui, d'un côté inspire et ennoblit la résignation, et de l'autre éveille et propage la charité évangélique.

Que ce double sentiment s'empare des cœurs, et toutes les difficultés s'aplanissent, et l'harmonie existe, et les sociétés marchent d'un pas rapide vers leurs destinées glorieuses! (*Assentiment général.*)

Telle est l'idée simple et grande que M. de Lourdoueix a répandue comme un rayon d'en haut, comme un germe heureux d'avenir dans les âmes honnêtes, qui recueillaient avec transport ses éloquentes paroles.

Ainsi donc, si sous les idées générales exprimées par M. de Lourdoueix on peut entrevoir des intérêts poliques, ce n'est, pour ainsi dire, qu'au second plan, comme conséquence accidentelle et fortuite.

Ne les dépouillez pas de leur véritable caractère. Ce sont, avant tout, des pensées d'un ordre philosophique, présentées avec autant de modération que d'éclat, et autant d'élévation que de convenance. (*Assentiment una-nime.*)

Le banquet du 14 juillet n'a donc été ni public ni politique dans le sens ordinaire de ce mot.

Le banquet a eu lieu dans les termes de l'autorisation donnée. Cette autorisation a été respectée dans toutes ses conditions.

C'est ainsi que l'a jugé le magistrat qui l'avait délivrée.

Bien plus, et je suis heureux de ce témoignage, c'est encore ainsi que l'a jugé l'organe du ministère public dans le procès de l'*Etoile du Roussillon.* (*Sourires.*)

« Ce banquet, s'écriait-il, n'a été ni monarchique ni « politique.

« Les faits qui se sont produits étaient des faits au-« torisés ou tolérés. Des témoignages sérieux les ont dé-« finitivement établis. »

Qu'ai-je à ajouter à une démonstration si complète ?

Ce procès est déjà jugé au fond de vos consciences.

Comprenez-vous maintenant tant de sévérité ? Comprenez-vous que, pour un délit si insaisissable, si imaginaire, si énergiquement repoussé par le sentiment de tous, on ait arraché à leurs travaux, à leur demeure, à leur famille, à leurs juges naturels, les hommes honorables qui sont placés devant vous ?

Ah ! j'en ai la conviction, vous êtes impatients vous-mêmes de les rendre à leurs concitoyens, à leurs amis qui se pressent autour d'eux dans cette enceinte ou qui les ont accompagnés de leurs vœux jusqu'au pied de ce tribunal !

Suivez, Messieurs, ce noble mouvement de vos cœurs et de votre raison, et cette décision, croyez-le bien, viendra se placer à côté des plus illustres monuments d'une justice éclairée et indépendante.

———

Au moment où M⁰ de Thorigny termine sa plaidoierie l'émotion la plus vive règne dans la salle ; chacun de ses auditeurs est encore sous le poids de l'impression des développements que l'orateur a donnés à son discours.

L'audience a été renvoyée à deux heures de l'après-midi pour entendre le résumé de M. le président.

Elle est reprise à trois heures, l'empressement est le même ; la tribune réservée aux dames est aussi encombrée qu'elle l'était le matin ; aux abords du palais se presse une foule immense qui donne aux prévenus des marques de la plus vive sympathie.

A trois heures, la coûr rentre en séance, et M. le président commence son résumé.

Rien n'a été plus remarquable que cet exposé impartial et précis, dont la dialectique a fait ressortir tous les points véritables du débat. Il est impossible de ne pas reconnaître dans ce résumé l'esprit d'un magistrat distingué et d'un éminent jurisconsulte.

Le jury entre dans la salle de ses délibérations, et il en sort au bout de deux minutes avec un verdict négatifs sur toutes les questions.

Le président prononce immédiatement l'acquittement des prévenus, qui sont aussitôt entourés et félicités par tous leurs amis, qui leur expriment leur satisfaction dans les termes les plus vifs et les plus énergiques.

www.ingramcontent.com/pod-product-compliance
Lightning Source LLC
Chambersburg PA
CBHW051739050726
47598CB00003B/1263